LA LUTTE CONTRE LA DEFERLANTE

LA LUTTE CONTRE LA DEFERLANTE

Edouard de NOUEL

© 2011 Edouard de Nouel

Edition : Books on Demand GmbH, 12/14 rond-point des Champs Elysées, 75008 Paris, France.
Imprimé par : Books on Demand GmbH,
Norderstedt,
Allemagne.
Dépôt légal : août 2011
ISBN : 9782810613212

A mon meilleur ami Monsieur Pierre Ponsard,

A mon amie Charlène Bourgeois,

A mes amis, les vrais,

Aux membres de ma famille,

A tous les miens, A tous mes proches,

A mes collègues de la sous préfecture de Chinon (37) et de l'étude notariale SCP Sourdais de Chinon,

A mon psychiatre le docteur Vimol HENG,

A ma psychologue Géraldine BODIN,

Aux personnes qui souffrent de dépression,

Aux proches de personnes qui souffrent de dépression,

A tout ceux que ce récit peut intéresser.

PROLOGUE

A l'heure où je vous parle, je ne suis pas encore guéri mais je vais mieux, j'ai même envie de dire que je vais bien, tout est relatif....et comme on dit, ce qui ne tue pas rend plus fort.....

Ce texte sans prétention raconte mon histoire de la dépression, ce n'est pas celle de toutes les personnes victimes de cette maladie car chaque personne souffre différemment et puis chacun a un passé et une personnalité différente.

Par contre, cet exutoire peut aider, peut être, les personnes dépressives car de chaque crise dépressive, de chaque manifestation du corps, de l'esprit, il y a quelque chose qui en ressort. Le corps dit stop, le cerveau dit stop, bref il y a tout qui craque. Le signal d'alarme est tiré et la dépression est là.

En tout premier lieu, je voudrais faire cesser la confusion qui réside peut être dans vos esprits entre la déprime et la dépression. Maintenant je connais ces deux états, qui n'ont rien à voir l'un avec l'autre. Premièrement, la déprime, contrairement à la dépression, n'est pas une maladie. La déprime peut être assimilée à un coup de blues passager, qui fait qu'on voit tout en noir, mais avec un peu de volonté, après quelque temps, cet état disparaît pour laisser place à la lumière. Quant à la dépression, maladie insidieuse, non seulement vous avez des idées noires, mais elle vous empêche de vivre, l'état de déprime y est installé pour un bon moment, quelques mois, mêlé à un état d'angoisse généralisé avec des symptômes physiques très forts, que j'essaierai de vous expliquer un peu plus bas. La volonté ne suffit pas bien qu'elle soit indispensable.

« au secours sortez moi de là »

« je n'en peux plus »

« je dévale la pente »

« j'ai envie de me suicider »

« je ne supporte plus mon état »

Voici les phrases que j'ai prononcées durant cette période.

CHAPITRE I : LA PLONGEE

Je voudrais déjà proclamer qu'il ne faut surtout pas culpabiliser de connaître cet état second, causé par la dépression. Si l'homme se croit fort, il est en vérité très faible et croyez moi, moi, comme élément déclencheur de la dépression, j'ai un médicament (un corticoïde) qui m'a été prescrit pour une toux. Oui je sais, c'est difficile à croire, mais si vous lisez la notice, ce que je n'ai pas fait, la dépression figure parmi les effets indésirables possibles.

Ce n'est pas parce qu'on est faible qu'on déclenche une dépression ou si on part de là chaque être est faible. Certes, sur un profil d'anxieux qui manque cruellement de confiance en lui et qui est sans cesse en train de se dénigrer, quelqu'un de très, trop, exigent avec lui-même.

Cela fait-il de moi quelqu'un de faible, je ne le pense pas mais j'ai mes fragilités. Et à ce moment là j'étais plus enclin à déclencher une dépression : préparation de concours, stress, incertitude pour l'avenir, …..

La dépression est à la portée de tous. On a tous nos fragilités, nos périodes de fragilités. Nous ne sommes que des hommes et des femmes. On ne sait jamais ce que nous réserve l'avenir. Et en réfléchissant à mon entourage, je ne vois personne qui n'ait pas ses fragilités et c'est bien normal, me semble-t-il. Et même si vous pensez que c'est un signe de faiblesse, et bien qu'il en soit ainsi ! Tout le monde a droit de craquer de toute manière.

Mais j'avoue qu'en pleine crise de dépression, et notamment au début de la maladie, il est difficile de relativiser, de voir le positif. Mais il faut garder en tête qu'il s'agit d'un mal pour un bien.

Le contrôle de notre corps, de notre esprit, nous a quitté. Ainsi l'appétit manque, l'amaigrissement se fait sentir, l'insomnie est permanente, la concentration est impossible, la fatigue est omniprésente et le pire est sans doute l'état d'angoisse généralisé. Tout devient insurmontable, insupportable, même les plus petites activités de la vie quotidienne (prendre sa douche, faire les courses, ranger, faire le ménage.....). Et je n'exagère pas. Dés que je pensais à ce que je devais faire, l'angoisse montait. C'est la réalité d'une période de ma vie! La vie devient très vite un calvaire. J'étais une véritable loque humaine. Je pouvais passer des heures sans rien faire assis sur le canapé ou devant facebook à regarder l'écran de mon ordinateur. Aussi avais-je perdu tout envie de faire ce qui m'intéressait (études, avenir professionnel, lectures, films....).

En résumé, ma vie semblait vide. Je ne faisais plus rien, je ne pouvais rien faire. Et j'en oublie les crises de larmes dès que quelque chose heurtait un peu ma sensibilité à fleur de peau. Et le plus grave, c'est que deux fois j'ai eu envie de me suicider (fortes envies) car je ne supportais plus mon état. J'étais faible. Dans la dépression, je crois sincèrement qu'il y a des signaux d'alerte qui sont lancés auxquels il faut répondre car je ne sais pas ce que j'aurai fait si personne n'avait réagi. En effet, l'intervention de mon meilleur ami a fait que je suis en vie et que j'écrive ce récit. Ces pensées, encore une fois, sont hors de contrôle et je n'avais en plus aucune envie de perdre la vie. Ça peut paraître paradoxal mais c'est la vérité.

L'apogée étant lorsque le tout est cumulé. Alors là, l'horreur est au rendez-vous. On peut parler d'explosion. Je vous expliquerai plus bas comment je m'en sortais. La moindre petite chose qui me heurte un tant soit peu prend des proportions énormes.

De l'extérieur, c'est assez impressionnant car la personne qui se trouve à côté de la personne dépressive a l'impression que le ciel vient de lui tomber dessus. En fait la crise est provoquée que par une petite chose. Donc ne paniquez pas ça va passer. La crise est fatigante. Et le cycle infernal commence.....la fatigue étant affaiblissante.....C'est la déferlante.

Vos fonctions vitales telles que le sommeil, la digestion, la mémorisation, …..sont altérées. Je ne fais plus plus de nuits complètes depuis déjà plusieurs mois, je fatigue vite, je ne peux pas me concentrer longtemps et je n'ai aucune mémoire. Je n'ai jamais eu autant de difficultés à réviser mes examens que cette année, et ce n'est pas par manque de volonté car j'en avais à revendre. La dépression est paralysante.

Je ne vous ai pas encore parlé de ma vie sociale. J'avais comme besoin impérieux de ne pas rester seul. Ce n'était pas concevable. Ainsi je cherchais le contact. Je n'attendais que ça.

En somme, je ne vivais plus. Mon cerveau ne fonctionnait plus correctement. La dépression est une maladie qui fait qu'on ne contrôle plus notre corps, nos pensées. Tout est hors de contrôle. Les connexions entre les synapses des neurones ne se font plus correctement. Et c'est prouvé par la médecine. Si des périodes courtes de répit sont à noter, des vagues viennent tout ensevelir tel un raz de marée. Sauf que ce raz de marée là n'est pas destructeur. Et oui ça peut paraître paradoxal mais la dépression permet de se construire. Je conçois tout a fait qu'en période de crise il est difficile de voir dans tout ça du positif. Mais je peux vous assurer que la fin est positive. Comme on dit, il s'agit d'un mal pour un bien. Autant que possible, il s'agit de rester positif et un point positif plus un point positif font que vous irez de mieux en mieux. Enfin cela s'adresse aux personnes victimes de dépression. Gardez toujours en tête qu'on peut guérir de la dépression.

Ceux qui banalisent la dépression ont donc évidemment et catégoriquement tort! La dépression est une maladie physique et mentale qui fait souffrir et dont les ravages peuvent être irrémédiables. Ceux qui pensent qu'on peut se débarrasser de la dépression en prenant sur soi se taisent car si tel était le cas, il n'y aurait pas de dépressifs. Et le dépressif n'a qu'une envie, qu'une idée en tête, ou en tout cas moi ce fut le cas, revenir à son état normal. Mais je pense que les jugements portés contre les personnes atteintes de ce mal sont dus à l'incompréhension et au fait que cette maladie ne soit pas palpable, on ne sait pas, je ne savais pas, dans quelle mesure un dépressif pouvait souffrir.

On peut bien parler de déferlante pour désigner la dépression étant donné les ravages que je viens de vous exposer assez brièvement. Je menais une vie paisible, bien rangée et bien occupée entre mon travail d'étudiant en droit et mes sorties entre amis. Je naviguais tel un bateau sur une mer calme. Mais tout à coup il y a du vent, trop de vent, c'est la tempête, ce qui fait que les vagues déferlent et que le bateau chavire. Et bien sans ce vent, sans ce rouleau formé par la houle, le bateau n'aurait pas sombré et moi non plus.

Voici donc maintenant le combat que j'ai dû mener car il s'agit véritablement d'un combat. Vous ne penserez qu'à votre maladie, qui occupera malgré vous en grande partie votre temps. Ah le cerveau est impitoyable. Au départ on voit tout en noir mais derrière les nuages il y a le soleil....

« Je suis convaincue que tu vas t'en sortir »
Edith Chantemargue

« si tu as besoin téléphone moi. Je suis là »,
Julien Danderieux

« t'inquiète pas ça va aller », maman

« As tu la forme, je le souhaite de tout cœur ? », « tu es trop précieux », Florence Mahoudeaux

« *Si tu as besoin d'appeler je suis là* », Nicole Payen, Nicole de Nouel, Caroline Charpentier, Nathalie Bodin et Pascale Mimot

« *Je m'inquiète Edouard .....* » Amélie Delimoge

CHAPITRE II : MON COMBAT :

Et oui, guérir de la dépression est un combat, et pour le gagner il faut déjà avoir de la volonté.
Mais ne nous emballons pas il est évident que la crise empêche la volonté. Mais en période de répit, la volonté doit resurgir, faire du sport, voir du monde, ou toute autre activité doit être envisagée. C'est tout ces petits actes qui font qu'on avance petit à petit vers la guérison. Il ne faut pas rester passif face à la maladie. Mais je vais corriger tout de suite une pensée : la méthode Coue selon laquelle il ne suffit de se dire que tout va bien et donc je vais bien ne marche pas, bien qu'elle ait au moins le mérite de conserver une pensée positive.

Je commencerai ce chapitre par une évidence. La consultation d'un psychiatre et d'un psychologue s'avèrent indispensables tant ils sont complémentaires. Déjà il s'agit du parcours classique de soins. L'un, le psychiatre, prescrit des médicaments pour aider le cerveau à fonctionner à nouveau correctement et contrairement à ce que peuvent en penser certains, les médicaments sont indispensables en tant que béquille pour ne pas trop plonger. Il y en a qui mettront en doute l'efficacité des antidépresseurs mais que ceux-là apportent une autre solution pour guérir. Jusqu'à maintenant, les médecins n'ont trouvé comme solution que les médicaments et la psychothérapie car bien évidemment les médicaments ne suffisent pas. Il faut entamer une psychothérapie. Et là un psychologue, selon moi, s'avère être plus adapté. Le travail vers la guérison est alors commencé. Bien sur, un travail sur soi est indispensable. Celui-ci est plus ou moins douloureux dans la mesure où vous allez vous focaliser sur les points qui vous travaillent et vous allez donc vous poser des questions. Mais c'est normal et vous trouverez les réponses à vos questions. Et qu'est ce qu'on se sent bien après. Ce travail vaut le coup d'être mené.

Depuis le début, j'avais l'intention de me battre! Mon meilleur ami me l'a bien confirmé. J'ai été positif depuis le début. Je ne comprenais pas pourquoi j'avais déclenché une dépression. Je me disais que j'avais tout pour être heureux : une famille, des bons amis, un secteur d'études qui me plaisait (droit). Mais pourtant.....

Un jour, je me suis arrêté de me poser une

telle question. La psychologue m'a dit qu'il fallait que j'accepte mon état.

Mais je m'en suis posé d'autres, inconsciemment. J'ai fait le tri partout. Tout est passé au crible, à la loupe. Que ce soit au niveau de mes études, de mon avenir professionnel, des liens que j'avais avec les membres de ma familles et mes amis, tout a été remis en question. Le dépressif se pose beaucoup de questions et cela sans qu'il le veuille, comme si tout ce qu'il avait gardé en lui durant des mois, des années, surgissait tout à coup.

Ça fait mal. Mais encore une fois c'est un mal pour un bien. Lorsqu'on commence à avoir les réponses à nos questions, mon dieu quel bonheur. Ainsi en ressort-on plus fort.

Ce moment fort difficile permet de se rendre

compte de ce qui nous entoure et de se connaître.

C'est indispensable.

En tout premier lieu, j'ai envie de vous parler de la « foi ». Durant cette période, je me suis en partie rapproché de Dieu. Habitant derrière la cathédrale de Tours, j'ai eu le besoin, à plusieurs reprises, d'y rentrer et de mettre des bougies pour les personnes qui comptent pour moi. C'était peut être un appel au secours. Je suis allé plus souvent à la messe. J'ai participé un peu plus aux activités catholiques, avec des amis. J'aurai aimé m'en rapproché plus mais je n'étais pas en état. Des moments forts à connotation religieuse avec mes amis m'ont sûrement aidés. Ce fut des rencontres riches. Une conférence m'a particulièrement marquée, celle qui nous amenait à se demander pourquoi il fallait souffrir pour connaître le bonheur. Evidemment cette conférence m'a profondément touché. Dieu nous fait subir des épreuves pas pour nous polluer mais pour se rendre compte que la vie est belle. Quand la vie est à peu près linéaire, que tout nous est apporté sur un plateau d'argent, on ne se rend pas compte de la chance qu'on a. Mais quand ces choses ne sous sont pas livrées, quand il faut aller à leur quête, à leur rencontre, et qu'on rencontre des obstacles, c'est là que la vie commence à avoir un sens et que le bonheur et la sérennité peuvent être assurés. Moi je suis parti combattre la dépression, vous vous battez peut être contre quelque chose et je vous le souhaite. Comme allié, j'ai eu la chance de bénéficier de mon entourage familial et amical.

En effet, je crois que la première des clés

pour guérir passe par l'entourage. Lorsqu'on n'est plus capable de s'intéresser à ce qui constituait quotidiennement nos centres d'intérêt, nos proches doivent être présents. Même si du côté du malade, il n'y a pas forcément de répondant puisque celui-ci n'est pas bien, il vous en sera infiniment reconnaissant et un jour répondra à votre soutien. Cela n'est sûrement pas visible par l'entourage, mais le fait de voir ses proches (famille et amis) fait plaisir au dépressif au moins inconsciemment. Si le malade se sent entouré, le processus de guérison est entamé. Et si vous vous intéressez à lui, il s'intéressera à vous et l'échange, la relation, aura un sens tout particulier. Le lien sera renforcé car le dépressif vous vaudra la vie. C'est bête à dire mais c'est vraiment la vérité je pense. Un dépressif non entouré est destiné à la mort.

Cette mort peut ne pas être physique mais psychologique, mentale ou sociale. La dépression peut entraîner bien loin, croyez-moi....

Si l'entourage a une importance considérable, celui-ci doit s'y prendre de manière diplomatique. Pas la peine de le forcer à faire des choses, de le secouer, de le conseiller, de faire des réflexions. Toutes ces attitudes seraient plutôt susceptibles d'aller dans le sens de la destruction du malade, qui culpabiliserait du fait de son état, qu'il ne supporte déjà pas. Le dépressif est une poupée de porcelaine qu'un rien peut briser.

Si j'avais un conseil à donner aux personnes qui gravitent autour du malade, c'est de l'écouter quand il en ressent le besoin, et de poser des questions pour montrer que celles-ci s'intéressent à lui. C'est ici que se situe le rôle de l'entourage. Dans mon entourage, il y a une personne qui a exactement répondu à cette attente : mon meilleur ami.

Attention, je ne dis pas que c'est le seul qui m'a aidé mais c'est celui qui m'a le plus aidé, nuance!

Je n'attaquerai personne car je ne sais pas comment j'aurai réagi si une personne de mon entourage avait été atteinte de ce mal.

Ces considérations ayant été énoncées, je commencerais par l'importance du soutien familial. Au début, je dois constater qu'il était quasi inexistant, ce qui n'est pas une critique. Ils ne comprenaient pas ce qui m'arrivait et l'inquiétude avait pris toute la place. C'était à moi de les rassurer mais je crois qu'au début je ne fus pas pris au sérieux. Puis au fil du temps, la maladie s'est bien installée, elle faisait partie de mon quotidien ainsi que de celui de mon entourage. La durée de la maladie s'étant faite sentir, les membres de ma famille ont été forcés de se rendre compte que le mal dont je souffrais, dont ils voyaient que les manifestations physiques, était sérieux. Au courant d'une conversation, j'ai carrément expliqué ce que j'avais enduré, notamment les envies de suicide, et je me suis d'abord senti libéré et surtout une partie de mon entourage a pris conscience de mon état. Ils se sont sentis coupables de ne pas m'avoir soutenus. Mais ils ne savaient pas. Ils avaient à l'esprit que j'allais pas bien mais c'est tout. C'est vague et ça l'est toujours pour eux. Mais même moi je ne comprenais pas ce qui m'arrivait.

Mais j'ai regretté de ne pas leur avoir livré

les secrets de ma souffrance plus tôt car maintenant c'est un peu tard pour me soutenir, quoiqu'on dise qu'il n'est jamais trop tard pour bien faire, mais je crois, heureusement, que j'arrive à la fin.

Cependant, certaines personnes de mon entourage familial se sont montrées plus présentes que d'autres. Elles se reconnaîtront. Merci d'avoir été là.

J'en arrive maintenant au soutien amical. Durant cette maladie, on voit vraiment qui sont ses amis. Et là ça ne trompe pas.

Il n'empêche que j'ai eu besoin d'aide, qu'on le veuille ou non alors que je n'attendais rien de personne jusque à cette maladie. C'est pour ça qu'il ne faut jamais négliger sa vie sociale. On a besoin des autres et surtout on a besoin de ses amis, sans lesquels je ne serai rien.

Mes amis ont joué leur rôle. Ils sont ma force et ma joie de vivre. Je ne vous parle pas encore de mon meilleur ami. Globalement, j'ai été touché par la présence, par les propos de ceux là. Je sais que j'ai des amis, des vrais.
Et puisque c'est durant les épreuves qu'on voit qui ils sont, la nature des liens qui nous unit a aussi été éprouvée.

Chacun ayant sa vie, il ne leur pas été toujours facile de me consacrer du temps.

Ceci dit, il y en a un qui s'est montré disponible, m'ayant indiqué que je pouvais l'appeler quand je voulais et on s'est vu de temps en temps, ce qui m'a fait plaisir. On s'est retrouvé à Tours, après s'être séparés quelques années après le lycée. Je lui ai raconté mes misères sans être jugé, sans avoir reçu de réflexion ou de paroles blessantes ou maladroites. Lui aussi a connu cette maladie le pauvre. Je me sens plus proche de lui maintenant.

Une autre, à la fac, ne savait pas comment réagir, mais elle était là en cas de crise et a su m'écouter quand j'avais besoin. Je l'en remercie. Elle a été présente lors d'une belle crise en plus.

Une autre, parfois maladroite, a essayé de m'écouter. Trop de commentaires pendant la crise. Je pense qu'on ne peut pas parler sans connaître la maladie. Mais elle reste là quand même et récemment m'a dit que j'allais m'en sortir, ce qui me fait du bien.

Une autre n'a pas toujours été présente. Mais j'ai reçu une écoute de temps en temps, un texto de temps en temps et ça m'a fait du bien car elle est importante pour moi, surtout qu'on se connaît depuis longtemps mais je sais que son travail d'orthophoniste est très prenant.....

Aussi, je veux parler d'un copain de fac avec qui je me suis rapproché en fin d'année, ayant tous les deux échoué à notre master. Il m'a aidé à me battre pendant les rattrapages et à me redonner confiance en moi. Son soutien pendant cette période m'a été important.

Récemment j'ai fait une trouvaille vraiment très agréable. Environ quinze ans plus tard, je fêtais l'anniversaire d'un copain sur facebook que j'avais au primaire (CE2). Nous nous sommes échangés des nouvelles qui ont menées à ce que nous déjeunions ensemble un beau jour. C'était comme si nous nous étions quittés de la veille, ce qui fait que ce fut très plaisant. Le pauvre ami a été lui aussi victime de la maladie dont je vous parle depuis le début de l'ouvrage. Et il s'en est sorti, grâce à ses amis.

Je finirai par une amie qui a décidément malheureusement connu les méandres de la dépression et qui m'a été une alliée précieuse pour vaincre la dépression. Elle m'a beaucoup rassurée, écoutée, donnée de conseils. Et elle a fait preuve de beaucoup de disponibilité et de diplomatie. Je l'en remercie énormément. Et sans aucun doute celle-ci fait partie des personnes qui m'ont permis de ne pas plonger trop au fond. Ce qui est intéressant de noter c'est qu'au début de la maladie on ne se connaissait que très peu et puis elle a vu que je n'étais pas bien et on s'est rapprochés. La vie est parfois pleine de surprises. Il y a des personnes qui rentrent ainsi dans votre vie sans que vous le demandiez et qui deviennent de bons amis. Et c'est absolument génial. Quand j'allais pas bien je lui parlais, soit sur le net, ou alors je pouvais aller la voir. Pour m'aider à réviser, elle m'invitait chez elle ou lorsqu'il faisait beau, on allait réviser au parc. Je n'ai peut être pas réussi mon année universitaire mais je ne suis pas passé loin, et cela en partie grâce à elle. Cela a été aussi une belle expérience humaine. Étant donné qu'elle a connu cette maladie, elle a pu jouer le rôle de psychologue, ce qui fait que je lui ai accordé toute ma confiance et que je la considérais comme ma seconde psychologue sauf qu'au moins elle, ses services étaient gratuits. Elle faisait partie de l'une des rares personnes à qui j'accordais de la crédibilité d'autant qu'elle est pleine de bon sens. Elle m'a fait aussi beaucoup de bien. Toujours à propos de cette dernière, elle a su me booster, sans brutalité, et nous avons plongé ensemble à la piscine, ce qui fait un bien fou.

Je vous remercie mes amis. Vous avez été ma force. Je n'arrivais à m'intéresser qu'à vous pendant la dépression. Si je n'avais pas eu d'amis, je vous laisse imaginer ce qui aurait pu se passer.

J'attire ainsi votre attention sur le fait que cette maladie peut atteindre tout le monde. Regardez, autour de moi, trois de mes amis ont connu cette maladie. Force est de constater que cette dernière frappe du monde. Mais on s'en sort! Mes trois amis dont je viens de vous parler s'en sont sortis, pourquoi pas nous, pourquoi pas vous?!

Toujours à ce propos, je me répète, le cerveau d'un dépressif se rend compte de ce qui est essentiel et je m'en émerveille, tel un enfant de cinq ans, mais le soutien amical est primordial. Bien évidemment il est plus facile de se tourner vers ses amis que vers sa famille, même si cette dernière doit jouer un rôle. Mais je pense que dans ses moments là, on a besoin de se rendre compte qui sont ses amis, enfin, me concernant ce fut le cas. La famille m'ayant aussi été indispensable.

En ce qui concerne mes cours de master, pour changer un peu de registre, qui constituaient le principal de mon activité, j'y suis allé, je m'obligeais à y aller. Déjà, comme, je l'ai expliqué, je ne parvenais pas à rester seul chez moi et aussi ça me donnait un but quand je me réveillais le matin. C'était vraiment mon seul but quotidien du fait que je ne parvenais plus à accomplir mes activités quotidiennes. C'est bien le contact qui me permettait de continuer d'assister en cours et vivre, tout simplement. Je ne réussissais qu'à assouvir que des activités de contact. Pour vous dire à quel point le contact est important! Pour en revenir à mon état, j'étais devenu lent et j'avais du mal à comprendre ce que que les professeurs disaient. Mais le fait d'accomplir ces tâches quotidiennes fait, à dire vrai, que l'on se sente rassuré puisque nous sommes dans notre univers. Mon angoisse remontait à la fin des cours, quand il fallait que je rentre chez moi car j'appréhendais la solitude.

Garder des activités (sportives ou autres), d'une part qui permettent de garder le contact avec les autres et d'autre part de se sentir bien dans on corps s'avèrent être de précieux antidépresseurs, je dirais même que ce serait les meilleurs. Une marche à pieds d'une demi-heure par jour me semble très importante. Déjà, encore une fois, ça fait du bien pour le corps et donc pour l'esprit, et ça permet petit à petit de retrouver confiance en soi. Un petit acte ainsi qu'un autre entraînent petit à peu la remontée.

Mon soutien est aussi passé par mon travail estival. La comptable de l'étude notariale et une des clercs ainsi que l'ensemble des agents de la sous préfecture de Chinon ont aussi joué un rôle important. La reconnaissance, l'estime, et la grande confiance en moi ont eu des vertus thérapeutiques certaines. L'intérêt du travail qui m'a été confié m'a permis de me redonner confiance en moi, petit à petit. L'un des échappatoire à la dépression est vraiment de rechercher le contact d'un maximum de personnes, qui ont l'habitude de vous rassurer. Je tiens vraiment à remercier infiniment toutes ces personnes pour leurs oreilles bien attentives et pour l'attention qu'elles m'ont portée ainsi que pour leur compréhension du fait de mon état. En effet, au début de mon stage, j'ai essayé d'effectuer des journées complètes, telles que c'était prévu, mais je fus vite fatigué et les grosses crises revinrent. La secrétaire générale (la supérieure hiérarchique de la sous préfecture) accepta d'aménager mon emploi du temps. Je travaillais donc beaucoup moins mais je fatiguais vite. Pourtant j'étais plein de bonne volonté et le travail que j'accomplissais me plaisait vraiment. Je fus malgré tout parfois obligé de faire des pauses ou d'arrêter mon tavail dés que je sentais la crise arriver.

Plus généralement sur le travail, je pense qu'il faut le reprendre le plus vite possible.

Déjà, pour ne pas penser à son état et à ruminer mais aussi, et surtout, parce que ça me paraît important pour reprendre confiance en soi. Et puis ça donne un but en se levant le matin et en se couchant le soir.

A tout le monde, ménagez vous des moments pour vous où vous vous faites plaisir. Il est important de prendre du temps pour vous.

Facebook, activité palpitante et prenante, m'a permis de garder le contact avec les gens ou tout au au moins de ne pas me sentir seul. Ça paraît un peu idiot mais ces petites choses permettent la guérison. A minima le processus en ce sens est engagé.

Aux proches des personnes atteintes de dépression, montrez vous présents. Vous serez peut-être rejeté au début car au début de la dépression le malade se sent mal, il souffre, mais le fait que vous soyez là agit sur le processus de guérison. N'insistez pas trop, ne soyez pas trop brutal. Dites lui simplement que s'il a besoin vous êtes là. Il ne suffit que de réaliser que de très petites attentions mais ô combien vitales pour le malade.

En cas de grosses crises, ne paniquez pas, restez présent à ses côtés. Il n'est pas nécessaire de parler, bien au contraire. La présence physique et une oreille attentive peuvent suffire.

Le principal est d'être là. Envoyer un SMS de temps en temps peut aussi être une bonne solution. Ce n'est pas trop compliqué, me semble-t-il.

Une personne dépressive a besoin de ses proches. Il n'aura jamais autant besoin de vous que durant cette période, jamais! C'est vital pour lui d'être entouré par sa famille et par ses amis.

N'écoutez pas forcément ce que vous disent les gens, ils essaieront de vous guider, de vous conseiller, mais n'écoutez que vous. Vous seul pouvez savoir ce qui est bon pour vous puisque c'est vous le malade et en tant que malade vous avez vos propres besoins que vous seul vous pouvez connaître. Je ne dis pas que tout est à éliminer d'office bien au contraire. Mais apprenez à vous écouter. Ce n'est pas être égoïste.

En conclusion de chapitre, je vais répéter une banalité : « On compte ses amis sur les doigts d'une main » et c'est vraiment la réalité....

Les vagues dont je vous parle depuis le début m'ont permis de rentrer en contact avec mes proches, et surtout avec mes amis, ce qui a été un bonheur dans le malheur. Et surtout je suis parti à la rencontre de mon meilleur ami....

« ce que tu as besoin de savoir c'est que je suis là pour toi »

« garde la pêche et l'espoir, les jours meilleurs sont pour bientôt »

« tiens bon mon ami ne lâche rien ! Tu vas t'en sortir il le faut il y a des gens derrière toi. Tu n'es pas tout seul. Garde espoir mon vieux « pénitent ». Sèche tes larmes et vas de l'avant . Tu vas mieux de jour en jour. Je te revois rire, sortir, faire (un peu) de sport. Alors accroches-toi encore un peu MERDE ! »

CHAPITRE III: MON MEILLEUR AMI:

Je l'avoue, à ce stade du récit, l'émotion m'envahit petit à petit. Contrairement aux précédents chapitres, je ne sais pas comment commencer.

Ah si! Par le début, tout simplement. Au début de la crise, j'ai cherché un ami pour m'emmener chez le médecin car je commençais à faire des très grosses crises de panique (crises d'angoisse). Je ne comprenais pas ce qui m'arrivait. Plus rien n'allait. J'avais l'impression que j'étais en train de devenir fou. Je ne contrôlais plus rien. Mais ce jour là, personne n'était disponible.
Une bonne amie orthophoniste avait plein de rendez vous et mon meilleur ami ne répondait

pas. Bref, j'ai été chez SOS médecin en taxi. Ils ne comprenaient pas trop eux non plus. Me voilà rassuré. Mais mes deux amis, précédemment cités, me demandèrent des nouvelles. Les jours passèrent durant lesquels rien d'anormal ne se produisit, enfin jusque au jour où je fis une autre très grosse crise. Et là plus rien n'allait. J'étais dans l'état tel que je l'ai décrit dans le premier chapitre.

Je ne maîtrisais plus rien. Ma tête ne tournait plus rond. Il fallait que je fasse quelque chose. J'ai consulté à nouveau le médecin qui m'a dit que je faisais peut être une dépression et que je devrais consulté un psychiatre. J'étais paniqué et j'en ai contacté un, qui a en effet diagnostiqué la dépression.

Bref, je plongeais, plongeais, plongeais.......Croyez-moi, se voir plonger sans pouvoir faire quelque chose n'est pas agréable.

Comme premier moyen d'exprimer ce que je ressentais, j'ai trouvé satisfaction avec le réseau social facebook, où j'y ai exprimé des messages négatifs tels que « je dévale la pente »; « au secours sortez moi de là »; ou « je n'en peux plus » et bien d'autres encore....... Et à chacun de ces messages Monsieur Mon Meilleur Ami répondait présent à l'appel du Doud' (surnom qu'il m'a donné). Je lançais à chaque fois un appel au secours auquel, je crois, il fallait répondre.

Je sentais ainsi une présence. J'avais quelqu'un qui s'intéressait à moi au moment où j'allais très mal (voire extrêmement mal, proche de l'envie de me suicider) tant je ne supportais pas mon état. Attention je ne dis pas qu'il y en avaient pas d'autres qui s'intéressaient à moi mais c'est lui qui a été le plus présent. Je ne fais qu'un constat. Dieu merci j'ai eu du soutien de la part d'autres personnes, d'autres amis.

J'ai vite compris que je pouvais compter sur lui. A la base on s'entendait déjà très bien. Il y avait déjà de bons liens d'amitié, ce qui fait que ça me faisait plaisir de sentir que je pouvais avoir son épaule. Au début, je sentais qu'il ne savait pas comment s'y prendre, un peu mal à l'aise mais il était présent. Et petit à petit je le trouvais plus à l'aise, il savait comment se comporter vis à vis de moi, tel un poisson dans l'eau.

Comme premier moyen de communication je citerai encore facebook. Dés que j'allais pas bien et qu'il était connecté, je venais lui parler. Je lui demandais de diner avec moi, ce qui fait que parfois on se voyait tous les jours tellement j'allais bien.... et il me voyait dans un état pitoyable. Et il vient de m'avouer que ça n'a pas été tous les jours facile mais il ne voulait pas me laisser seul face à moi car en fait c'est ça la dépression, c'est un combat contre soi même. En moyenne on se voyait une fois par semaine. C'est celui que, encore aujourd'hui, je vois le plus.

Encore aujourd'hui, je ne suis pas guéri, bien que je vais beaucoup mieux, j'ai encore besoin de lui. Quand mon état n'est pas terrible je l'appelle au téléphone et, encore une fois, il se montre disponible. Et avec mon médicament qui m'a été prescrit en cas de crise et lui, c'est le couple parfait pour arrêter les crises. C'est un soutien complet. Parfois, je culpabilisais pourtant de le solliciter autant et j'avais peur qu'il ne veuille plus me voir à cause de mon état et tel ne fut pas le cas.

C'est ainsi mon soutien le plus important tant sur le plan quantitatif que qualitatif.
Les deux envies de suicide et mon petit séjour en hôpital psychiatrique m'ont été douloureux. C'est surtout dans ces deux moments extrêmement éprouvants que j'ai eu besoin d'un soutien et il était là. Nous avons bavardé et il est venu me voir à l'hôpital puis il est venu me chercher. Sans commentaire.....

ça fait une petite année que je me bats et que tu me soutiens. Et bien moi je dis que l'amitié c'est beau!

Avant la dépression, je ne me disais pas que j'avais « un meilleur ami » (ou des) mais maintenant je sais quel sens on peut donner à cela.

Il y avait des gens qui gravitaient autour de moi, que je considérais comme mes amis, sans réfléchir au sens que l'amitié pouvait avoir.

Avec la dépression, l'avantage, oh, et puis l'inconvénient aussi, c'est qu'on voit qui sont ses amis. C'est seulement dans l'épreuve qu'on peut le voir. La réalité de la nature des liens apparaît alors. Si je me suis rapproché de certains je me suis éloigné d'une autre partie de mes amis.

Je pense qu'un ami peut être qualifié de tel lorsqu'il est présent autant dans les moments de joie que dans les moments de peine, bien que je conçoive aisément que l'intervention dans le second cas n'est pas bien enthousiasmante. Mais justement, encore une fois, c'est donc comme ça qu'on voit......

Pour en revenir au concept de « meilleur

ami », concept auquel je tiens maintenant pour une bonne raison, il a en effet un sens.

Pas qu'il y ait les meilleurs et les moins bons mais il y a ceux avec lesquels on a partagé des moments forts et ceux avec lesquels on a des affinités mais avec lesquels on a pas (ou pas trop) partagés de moments forts. En somme il faut avoir partagé quelque chose de manière exclusive ou quasi-exclusive avec ce Meilleur Ami. Pour moi, c'est ici que se situe la différence. C'est pour cela que Monsieur Mon Meilleur Ami est mon meilleur ami.

Avant, je me répète, je n'employais pas ce terme double auquel je n'accordais que très peu de sens mais en fait il en a un.

En outre, ce n'est pas facile de donner tous les détails de cette maladie à trop de monde ainsi il est important d'avoir une personne de confiance, « un meilleur ami », qui vous suive de manière quasi-permanente dans votre aventure.

Moi je donnais un sens à ce concept fort mais je me suis demandé ce que je représentais pour mon acolyte. J'ai carrément mis les pieds dans le plat en lui posant directement la question, ce que je fis plusieurs fois. C'est vous dire si la dépression vous emmène loin. Vous vous posez des questions apparemment sans importance mais qui prennent de l'ampleur du fait de la maladie. Je savais que je comptais pour lui vu tout ce que je viens de vous raconter mais je voulais qu'il qualifie ce lien d'amitié, la question me taraudait sans que quoi que ce soit puisse y mettre un terme. Je sais que je suis très bien classé. C'est idiot mais ça m'a fait du bien et je me sens rassuré. Je sais que ce lien fort, exclusif comme il le décrit, est parti pour durer.

Et ce qui est génial aussi, c'est qu'il y a une osmose entre nous deux. On n'a pas besoin de se parler pour voir que l'autre ne va pas. Entre nous il n'y a pas de sujet tabou. On se dit tout. L'osmose se caractérise aussi par son comportement vis à vis de moi: quand je ne suis pas bien, il m'écoute, me pose des questions, et une fois que tout est sorti, on parle de sujets plus légers et là moi je lui demande s'il va bien et la crise est passée. Il a exactement répondu à mes besoins du moment. Et quand je le remerciais, il ne comprenait pas pourquoi et ça l'agaçait. Il l'a fait naturellement et c'est ce qui fait sa valeur!

En tout cas mon cher, on a vraiment vécu des moments forts ensemble! Je te remercie, même si tu n'aimes pas que je le fasse, encore une fois!

Je serai toujours là pour toi, mais tu le sais! Et un jour tu m'as envoyé ce message que je me suis permis d'écrire pour que je l'immortalise sur le papier :

« ouai ba commence par arrêter de me remercier j'aime pas ça tu le sais en plus. Bonne nuit petit mec. Continue d'être courageux et d'espérer. Temps que tu y crois tu t'en sortiras. Ne te décourage pas pas. Les choses bougent, c'est pas évident je sais mais vas de l'avant comme tu le fais depuis le début. Tu es malgré les apparences quelqu'un de fort, tu n'as jamais baissé les bras et tu ne t'es jamais lamenté sur ton sort. Tu peux être fier de ce que tu es Edouard de Nouel !!!! Prends bien soin de toi...... hasta luego amigo ;) », le 6 août 2011.

Pas besoin de vous expliquer l'émoi que ce genre de message provoque.....

C'est ici que se situe le cœur de mon aventure humaine. Pour l'instant, ma plus belle aventure humaine, je l'ai vécue avec toi et elle a commencé avec la dépression. L'amitié est une richesse de la vie. Ma seconde (et dernière donc) sera peut être celle résultant de la rencontre de l'âme sœur mais ce ne sera pas pareil....Une expérience forte comme celle-ci me suffit amplement....

Je dois avouer que je n'en reviens toujours pas du soutien que j'ai eu.....pas parce que je doutais de lui mais je ne savais pas que l'amitié pouvait avoir une telle intensité et je me dis que j'ai de la chance. La qualité des amis prime sur la quantité. Ça vous est peut être acquis mais pour moi c'était loin d'être une évidence. A la limite vaut mieux avoir un seul véritable ami sur lequel on peut compter plutôt qu'une multitude de personnes qu'on qualifie d'amis et qui en fait ne sont pas là en cas de problèmes. En tout cas moi j'ai fait mon tri.....A vous de faire le vôtre, peut être....La question consistant à se demander ; «si j'ai un problème, quel(s) ami(s) serait/ seraient-là ? » ça peut vous rassurer et croyez-le ou non mais en cas de soucis importants de ce type, on a besoin d'un soutien fort, et seul un ami, au sens le plus véritable, pourra assurer cette tâche difficile. Mon meilleur ami m'a bien confié que globalement ça n'a pas été facile pour lui.

Allez vous en avez sûrement au moins un. De toute façon, on dit que les véritables amis se comptent sur les doigts d'une main. Pas besoin d'en avoir cinquante. Un seul peut suffire. Je te dois vraiment la vie car tu as été mon soutien permanent. Une personne de mon entourage familial m'a dit que même sans toi je m'en serai quand même sorti. Mais moi je suis réaliste et je me rends compte que j'avais besoin d'un soutien permanent et vous seul, sans que je vous sollicite forcément, avez satisfait à ce besoin vital. Vous avez effectué un sans faute. Vous avez compris ce qu'il fallait faire. En général nous procédions de la sorte : écoute de mes malheurs, questions de sa part, puis enfin nous parlions d'autres choses, notamment de lui, et la crise passait. C'est exactement ce qu'il fallait faire. Monsieur, vous êtes un grand homme, je le pense sincèrement et je souhaite de tout cœur que chacun ait un ami comme vous mais bien évidemment vous êtes un modèle unique. Je me rends compte que j'ai de la chance de t'avoir dans mes amis. Tu l'as fait naturellement mais tout le monde m'a dit que tu es formidable. Ma psychologie ayant confirmé que c'était rare de connaître quelqu'un qui soit autant à l'écoute. Dans mon malheur, j'ai eu de la chance.

Aujourd'hui j'ai encore besoin de lui mais mon attitude n'est plus la même. Maintenant je suis assez fort face à la maladie. Je parviens à chasser les idées noires et à me dire, quand je me sens défaillir, que je ne l'appellerai pas. Les vagues sont moins fortes.

Toujours est-il que de l'intensité du soutien que j'ai eu dépend maintenant l'intensité du lien d'amitié. Plus le soutien a été fort et naturellement plus j'ai considéré que le lien d'amitié est fort.

En quelque sorte, c'est une histoire qu'on a vécu tous les deux, c'est l'histoire de « deux potes », qui se sont battus avec acharnement contre la DEFERLANTE. Plus précisément, cette déferlante n'a touché que moi, Dieu Merci, mais je ne suis pas mort, juste quelques légères blessures, qui resteront sûrement ouvertes quelques temps, mais toujours est-il qu'au final pour réparer les dégâts, on se retrouve au moins à deux, lui et moi. Et quand on a vécu une déferlante, on peut en affronter d'autres et quand elles arrivent, plutôt que d'être seul, comme durant la première, je suis maintenant toujours au moins deux. Ainsi suis-je plus fort. Et la déferlante se sent moins forte, tant qu'elle commence à plier devant moi. Le calme revient petit à petit, laissant la place à la reconstruction, à la remontée.

« NE VOIR QUE LES POINTS POSITIFS,
ET OUI MEME DE LA DEPRESSION ON
PEUT EN TIRER »

CHAPITRE IV: LA REMONTEE :

Tous ces ingrédients, mêlés ensemble, m'ont donné de l'oxygène. Et petit à petit je suis remonté à la surface. Mais bien évidemment la remontée n'est pas progressive, qui ferait que chaque jour qui passe on se sente mieux. D'ailleurs la vie non plus n'est linéaire, qui ferait que chaque jour qui se suit serait identique. Il arrive parfois qu'une vague vienne vous ensevelir et vous engloutisse totalement. Mais plus le temps passe et plus la mer est calme et moins les vagues sont fortes.

Cette image marine exprime bien le phénomène de la dépression, où l'on essaie de nager à contre courant pour lutter contre la maladie mais une autre vague nous rattrape.

Cet été, quelques vagues m'ont emportées

mais je résiste grâce à la recette miracle dont j'ai déjà parlé mais que j'évoque à nouveau pour rappel: mes médicaments et mon meilleur ami.

Je conseille ainsi à toute personne dépressive d'utiliser dés le départ cette recette car je vous jure qu'elle est délicieuse et elle fait ses preuves. Elle a marché pour moi. Pourquoi ne marcherait-t-elle encore pour quelqu'un d'autre.

Faites de la maladie, maladie qui, je le conçois très aisément, fait souffrir, une aventure humaine. Partez à la découverte de l'autre, et d'abord à la découverte de vous même. Partagez des éléments de votre vie, ouvrez-vous aux autres. Vous n'en ressortirez que grandi. Vos liens avec les autres vont changer. En ce sens, la dépression est une belle expérience.

Aussi, et déjà pour ce que je viens de décrire, la dépression permet de relativiser et d'apprécier davantage la vie.

Un bilan positif peut être tiré de la dépression. Je crois qu'il est important d'aller dans ce sens. Les épreuves, quelles qu'elles soient, apportent à l'individu. On ne voit plus la vie de la même façon. Je ne vois plus la vie de la même façon.

D'ailleurs, en réfléchissant sur l'intitulé de mes chapitres et pour faire de la psychologie à trois francs six sous, on peut remarquer que le premier et le dernier chapitre ont l'air de relever de la fatalité tandis que je semble m'être approprié les deux chapitres du milieu.

Je les ai formulé ainsi sans réfléchir.

Ainsi, en mon sens, la dépression ressort de la fatalité mais une fois qu'elle s'est installée, elle fait partie de vous et il faut vous en débarrasser avant qu'elle prenne trop de place. Une fois le combat amorcé, la guérison se fait sentir et un jour, pas si loin, la guérison sera constatée.

Pour faire un bilan, je dirais que lorsqu'on est dépressif, il faut choisir entre deux solutions : la VIE ou la MORT. Dans ce premier cas, on décide de se battre et dans le second on se laisse aller. A chacun de choisir son chemin.

Je pense que la VIE vaut d'être vécue. Un jour, vous arriverez à reprendre votre vie quotidienne. Mais attention à ne pas trop en faire dés qu'on se sent bien car on demeure fragile. Dans un premier temps, il faut augmenter les activités qui font plaisir, pour conforter cet état de « mieux être ».

En écrivant ce récit, je me sens libéré. La dépression est à la fois une HORREUR et un BONHEUR. Et oui ça peut surprendre mais ça me paraît être la réalité. Les déchainements de la mer m'ont permis de partir à la rencontre de l'autre et je me suis, je crois, ouvert et j'ai l'impression de me connaître davantage.
Déjà, je sais qui sont mes amis, et cela, j'en suis convaincu, il n'y a que dans l'épreuve qu'on voit réellement qui sont-ils.

La guérison ne m'est pas encore acquise mais il y a une nette différence dans mon quotidien. Au début de la dépression, période de crise, la mer est déchainée et maintenant, quelques mois plus tard, la mer est plutôt calme, mais il y a de temps en temps des vagues.

Vous voyez, la dépression, que vous le croyez ou non, est un phénomène, enfin une maladie, complètement surnaturelle, qui vous dépasse, qui nous dépasse complètement telle une mer déchainée dans laquelle il serait impossible de nager sauf à être projeté plus loin.

Au delà de l'expérience humaine que j'ai vécue, je me suis rendu compte qu'il y avait des priorités dans la vie. Déjà, je pense que ce qui est primordial est d'être en bonne santé. Quand on l'a, ça nous paraît normal, mais quand on ne l'a pas, ça nous paraît être du luxe. Je ne rêvais que d'une chose pendant mon combat, c'est de revenir à mon état normal.

C'était à la fois rien et tout pour moi. Je voulais juste reprendre le contrôle de mon corps, de mes pensées, être comme tout le monde.

Aussi, avoir une famille sur laquelle on peut compter est indispensable.

Enfin, avoir des amis, des vrais, est une richesse dont il faut savoir profiter. En plus on a la chance de les choisir, enfin il faut qu'ils nous choisissent aussi bien sûr. La cerise sur le gâteau, au risque que vous pensiez que je suis devenu niais, est d'avoir un meilleur ami.

Voici la vie dans son essentiel. Je ne dis pas que je n'ai pas envie d'avoir femme et enfant, mais là ce serait le bon dieu en culotte de velours.

Tout le reste, pour moi, a moins d'importance. Attention je ne dis pas que le reste n'est pas important.

Attention, ce léger ouvrage n'est pas forcément la réalité de la dépression mais c'est mon histoire, une page de ma vie, un peu lourde, que je m'apprête à tourner.

Je voudrais que chacun qui me lira ne se dise pas qu'il ne fera jamais de dépression, moi c'était ce que je m'étais dit, mais qu'il se rassure en se disant que non seulement on en guérit mais en plus on en ressort plus fort. Le bonheur et la dépression n'ont rien à voir l'un avec l'autre. Si l'on va par là, moi j'étais heureux et pourtant une déferlante s'est abattue sur moi.

Pour finir ce chapitre, et vous verrez encore le positif dans la dépression, je suis parti dans l'aventure de l'écriture et de la publication, qui a été pour moi une découverte passionnante et enrichissante. Je pense qu'on à tout à gagner à partir à la découverte, à l'aventure. Je ne vous cache pas que plus je me rapprochais de la période au cours de laquelle j'avais prévu de publier mon livre, et moins j'avais envie de le publier car je livre à la France entière, à tous ceux qui voudront me lire, une histoire intime.

Ma psychologue, lors d'un entretien, m'a affirmé « que la vie ne vous apporte rien que vous ne puissiez surmonter ». Alors si vous avez été touché, si vous êtes touché par la déferlante, c'est que vous pouvez vous en sortir. Vous en avez les capacités.

ALORS A L'ABORDAGE MOUSSAILLON !!!!

LA GUERISON = LUTTE

LE CHEMIN :
Les nuages, le vent, la DEFERLANTE, le chavirement, la remontée, et la GUERISON.

LE SECRET :
UNE ARME REDOUTABLE

MON ARME :
MON MEILLEUR AMI

CONSEQUENCE :
NEUTRALISATION DE LA MALADIE

V: LA GUERISON

Bien évidemment, comme tout malade, le dépressif attend la guérison. Mais bon il faut être patient et la patience ne fait pas partie de mes qualités. Vous verrez peut être votre médecin changer ou ajuster votre traitement. Tantôt il va augmenter les doses tantôt il va les diminuer, tant, que vous pourrez, vous aussi, perdre patience et ne plus rien y comprendre. Mais gardez à l'esprit que c'est pour aller vers la guérison. Comme m'a dit le psychiatre, il faut trouver le bon traitement et la bonne dose qui correspond à votre état du moment. Le médecin mettra tout en œuvre pour cela.

Pour en revenir à la guérison, je ne suis pas certain, et là ça n'engage que moi, qu'il y ait un moment où le médecin pourra dire : « vous êtes guéri ». Pour moi, encore une fois il ne s'agit que de mon opinion personnelle, d'un ressenti, on ne sait jamais quelle est la tournure des événements. Ainsi, pour moi, le processus de guérison est entamé dés le début, dés la prise en charge de la maladie. Si la personne veut s'en sortir, elle s'en sortira. Il y a plusieurs phases dans ce processus.

Au début, malheureusement, rien de très séduisant mérite d'être soulevé. Au bout d'un moment, les médicaments commençant à agir, il y aura des passages de mieux être mais les vagues seront nombreuses. Profitez de ces moments de répit et un beau jour, sans que vous sachiez vraiment pourquoi, les vagues seront moins nombreuses, le calme réapparaîtra. Vous aurez l'impression de revenir à votre état normal. Aprés, les déferlantes deviennent encore moins nombreuses mais vous aurez probablement besoin d'un soutien fort puis au bout d'un moment vous serez fort pour lutter contre les déferlantes. Vous deviendrez autonome et fort puisque le processus s'inverse. Avant c'était les crises qui étaient les plus nombreuses et bien maintenant ce sont les périodes de répit. Je crois que c'est à partir de cette dernière étape, pas si longue, qu'on peut parler de guérison. J'ai l'air de finir ce livre sur une note négative mais ce n'est pas mon intention. Toutes ces étapes ne sont pas si éloignées les unes des autres. En effet, cette étape intervient, pour moi ce fut le cas, avant que le traitement thérapeutique ne prenne fin.

J'ai attendu durant toute la maladie que la guérison se fasse sentir. Mais maintenant je ne l'attends plus, il ne faut pas l'attendre. A partir du moment où les les vagues se font plus rares, vous avez gagné !

Vous voyez, dès le chapitre II, le combat est amorcé. Finalement, dans la dépression, il y a plus de positif que de négatif. Il y a juste la plongée qui est l'étape la plus douloureuse de la dépression. Je ne dis pas que le reste de la maladie est facile, mais le mal est moindre. Le tout est de trouver des armes pour lutter contre la maladie.

Pour conclure ce chapitre, et même ce livre, je dirais que la dépression, c'est une plongée, un combat, une remontée et une guérison. Ma principale arme : mon meilleur ami !!

Encore aujourd'hui, j'ai un peu de mal à

réaliser tout ce qui s'est passé. Mais Monsieur Mon Meilleur Ami, et je finirai définitivement là dessus, vous avez été absolument génial! Et ce ne sont pas que des mots, je le pense sincèrement. Je vous cite beaucoup de fois dans ce récit mais vous avez eu une place énorme dans la dépression et vous avez une place importante dans mon cœur. Vous n'aurez peut être jamais l'occasion d'entendre cela de ma part.

Je veux que tu saches (enfin tu le sais déjà) mais mes lecteurs seront les témoins de mon engagement, tu pourras compter sur moi dés que tu le voudras que je sois à Tours, Marseille, Londres ou à New York et toi à Rennes, Bombay ou Camberra.

SOMMAIRE :

Chapitre I: La plongée..........................page 12

Chapitre II : Mon combat......................page 22

Chapitre III : Mon meilleur ami............page 48

Chapitre IV : La remontée.....................page 65

Chapitre V : La guérison...................... page 75